AF306544

STRESSMANAGEMENT BEI DER ARBEIT

Tipps zum Umgang mit Stress

Verfasst von Géraldine de Radiguès
Übersetzt von Mareike Lobeck

Für die Arbeitswelt 50MINUTEN.de

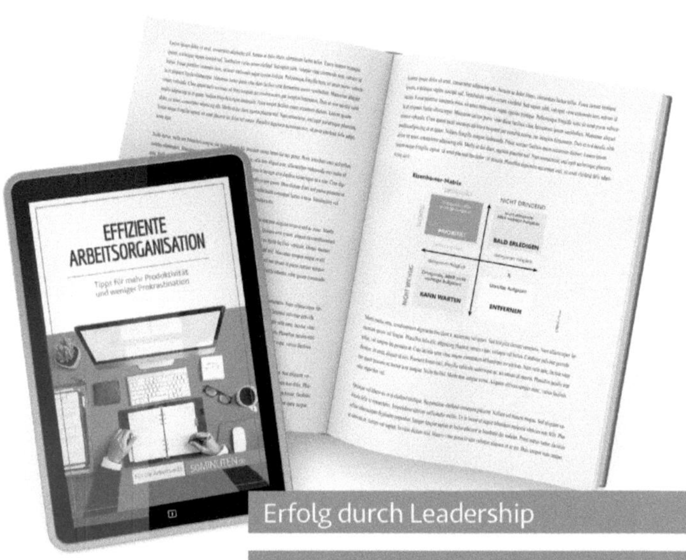

50MINUTEN.de
NEUER SCHWUNG
FÜR IHRE KARRIERE
EFFIZIENTE ARBEITSORGANISATION
Tipps für mehr Produktivität und weniger Prokrastination
Erfolg durch Leadership
Konstruktives Feedback
Die Macht der Körpersprache
Zielführendes Projektmanagement
www.50Minuten.de

STRESSMANAGEMENT BEI DER ARBEIT

- **Ziel:** Stress bei der Arbeit abbauen und seine Reaktionen auf Stresssituationen kontrollieren
- **Anwendung:** Stressmanagement hilft, seine Reaktionen so zu steuern, dass man nicht sein Gesicht verliert, zudem Situationen zu vermeiden, die zu Flucht, Kampf oder Erstarren führen, ebenso wie aus dem Überlebensmodus herauszukommen und sich stattdessen selbst zu übertreffen und kreativ zu werden.
- **FAQ:**
  - <u>Wozu dient Stress?</u>
  - <u>Wie lässt sich Stress erkennen?</u>
  - <u>Was steckt hinter Stress?</u>
  - <u>Wie arbeitet man mit einem gestressten Kollegen zusammen?</u>
  - <u>Wie macht man seinem Stress Luft?</u>

Stress sichert das Überleben, weswegen Stressreaktionen seit Anbeginn der Zeit zu den grundlegenden Eigenschaften von Lebewesen gehören. Im Allgemeinen gilt Stress als Gefahrenindikator und zeigt das in der jeweiligen Situation mit starken Impulsen an.

In unserer heutigen Gesellschaft hat Stress unbestreitbar zugenommen und die meisten Arbeitnehmer – ob im Unternehmen oder anderswo – sind ihm ausgesetzt. Jeder versucht, seine Leistungen zu maximieren, weil er sich (um seinen Arbeitsplatz) bedroht oder zweitklassig fühlt, das Gefühl hat, unerreichbare Ziele erfüllen zu müssen, befürchtet, bei der Arbeit kontrolliert zu werden, im Falle von nicht erfüllten Zielen einen Teil der Einkünfte aus eigener Tasche begleichen zu müssen, mit seinen Kollegen verglichen zu werden usw. Die gestellten Anforderungen üben einen hohen Druck auf Arbeitnehmer aus, weswegen es kaum überrascht, dass die Anzahl an Depressionen, Burnout-Fällen und Menschen, die Beruhigungsmittel nehmen, immer weiter steigt.

Doch wie kommt es zu diesem Stress? Und wie kann (meist als unangenehm wahrgenommener) Stress in etwas Positives umgewandelt werden, mit dem man über sich hinauswächst?

STRESSMANAGEMENT: DIE GRUNDLAGEN

WAS IST STRESS?

Stress ist eine Information, die das Gehirn aussendet, um uns davor zu warnen, dass wir uns in einer Situation befinden, der wir nicht gewachsen sind, die uns unangenehm ist oder uns verunsichert. Obwohl Stress nicht sehr angenehm ist, existiert er schon immer, weil er sich dennoch als nützlich erweisen kann. Er entsteht im primitivsten Teil des Gehirns, dem protoreptilischen Gehirn.

ZUSATZINFORMATION: DAS GEHIRN

In einigen neurokognitivistischen Ansätzen wird das Gehirn in die folgenden Bereiche unterteilt:

- Das protoreptilische Gehirn ist der „primitivste" Teil und steuert die Instinkte.

- Das paläomammalische Gehirn steuert, wie wir uns in einer Gruppe verhalten.
- Im neomammalischen Gehirn werden Erinnerungen, Erlebtes und weitere Informationen gespeichert.
- Der präfrontale Cortex steuert Kreativität und Anpassungsfähigkeit.

Aufbau des menschlichen Gehirns

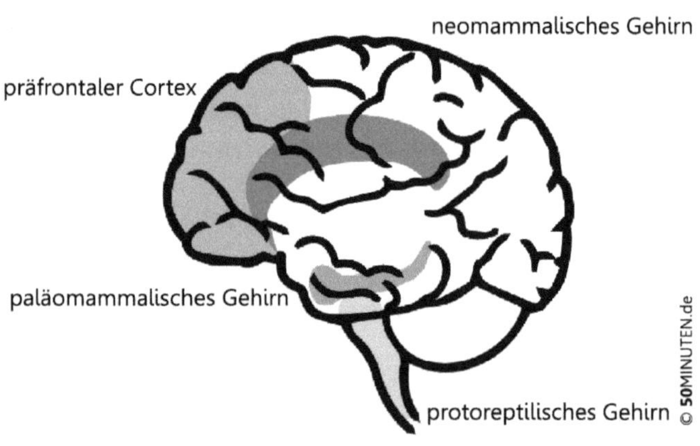

Sowohl Menschen als auch Tiere reagieren mit den folgenden drei Verhaltensweisen auf Stress:

Flucht

- **Tiere** laufen weg bzw. fliehen, wenn sie eine Gefahr wittern.
- **Menschen** reagieren ähnlich: Ihr Instinkt löst in ihnen den gleichen Wunsch zu fliehen aus. Wer wollte vor einem wichtigen Treffen nicht schon einmal einfach wieder gehen? Und wer musste nicht schon vor einem Gespräch oder einer Prüfung noch einmal auf die Toilette? Es handelt sich dabei um mehr als nur einen Tick, vielmehr ist dieses Bedürfnis physiologisch verankert, da es erleichtert, zu fliehen.

Kampf

- **Tiere** knurren und zeigen Ihre Stärke, um ihren Gegner einzuschüchtern und ihn zum Aufgeben zu bringen.
- Bei **Menschen** drückt sich diese Verhaltensweise in Wut, Schreien, einem Schlag auf den Tisch, gerunzelten Augenbrauen, Gewalt oder Beleidigungen aus, mit dem die eigene Machtposition demonstriert wird und der Gesprächspartner eingeschüchtert werden soll.

Erstarren

- Manche **Tiere** erstarren in Gefahrensituationen, damit sie nicht bemerkt werden und der Feind seine Aufmerksamkeit auf etwas anderes lenkt. Ist es Ihnen nicht auch schon einmal passiert, dass eine Spinne regungslos an der Wand saß, als Sie das Licht angemacht haben? Ist Ihnen, als Sie im Dunkeln Auto gefahren sind, schon einmal ein Hase vor das Auto gelaufen, der dann im Scheinwerferlicht erstarrt ist, anstatt weiterzulaufen?

- **Menschen** werden von manchen Situationen so aus der Fassung gebracht, dass sie regelrecht gelähmt sind und nicht mehr reagieren können. Ein Beispiel für eine solche Situation ist ein umstürzender Schrank, der einen Kollegen, der unweit von einem selbst steht, erfasst. Manchen ergeht es so, wenn sie beispielsweise von ihrem Chef ungerechtfertigt kritisiert werden. Kurze Zeit danach, wenn sie sich aus ihrer Erstarrung befreit haben, fällt ihnen dann ein, welche Argumente und Entschuldigungen sie hätten vorbringen können. In wieder anderen Fällen ist es ganz einfach Entmutigung, die dazu führt, dass man alles aufgibt, anstatt zu handeln.

STRESS ZEIGT PERSÖNLICHE GRENZEN AUF

Stress ist also ein Indikator dafür, dass wir an unsere Grenzen stoßen. Wenn ein Ereignis oder ein Kommentar zu Anspannung führt, zeigt das eindeutig, dass wir uns angegriffen fühlen. Wir werden wachsam, an ein unangenehmes Erlebnis oder Gefühl erinnert und unser Gehirn schaltet aufgrund unseres Überlebensinstinkts in den Stressmodus, weil wir diese bestimmte Situation nicht noch einmal erleben wollen. Das proto-reptilische Gehirn übernimmt das Kommando über unser Handeln, um uns zu schützen und zu vermeiden, dass wir unsere schmerzhaften Erinnerungen erneut durchleben müssen.

Unabhängig von der Reaktion (Kampf, Erstarren oder Flucht) stellt sich schließlich die Frage, was an der Situation zu dem entsprechenden Verhalten geführt hat. Verursacht die Umgebung den Stress oder liegt die Ursache vielmehr in dem, was wir fühlen bzw. woran wir uns erinnern?

Stress zu empfinden zeigt uns unsere Grenzen auf, wodurch wir uns selbst besser kennenlernen. Indem wir beobachten, was uns in den Überlebens- bzw. Stressmodus schalten lässt, können wir meist eine bestimmte Erinnerung oder sogar Angst ausmachen, die wir um jeden Preis versuchen zu meiden und mit der wir in verschiedenen Formen immer wieder konfrontiert werden. Lernen Sie sich also kennen: Wenn Sie nur versuchen, den Stress zu meiden, ohne sich mit seinen Ursachen auseinanderzusetzen, ist die Gefahr groß, dass Sie ihn nicht abschütteln können.

Lukas, 36 Jahre
Ich konnte nur schlecht damit umgehen, dass mein Vater so autoritär war. Allerdings habe ich mich nie getraut, ihm das zu sagen. In meiner Kindheit hat meine Mutter aus Liebe zu uns immer vermittelt, um den Streit zu schlichten und meine Frustration zu lindern. Ich wusste nie, wie ich meinem Vater meine Grenzen mitteilen und sagen sollte, was ich auf dem Herzen hatte. Stattdessen habe ich es für mich behalten und gewartet, bis ich volljährig war, um von zu Hause ausziehen und mich von ihm entfernen zu können. Mit meinem frisch abgeschlossenen Studium habe ich jetzt bei meiner ersten Arbeitsstelle einen Chef, der ebenfalls sehr autoritär ist. Das verunsichert mich und ich kann mich ihm gegen-

über nicht behaupten. Er spürt diese Unsicherheit und verliert immer mehr den Respekt vor mir. Um mich zu schützen, gebe ich mich gleichgültig – obwohl es mich innerlich sehr beschäftigt –, was meinen Chef nur noch mehr reizt. Oder aber ich tue alles dafür, eine perfekte Arbeit abzuliefern, damit er mir bloß keine Vorwürfe machen kann. Allerdings verbringe ich dann soviel Zeit darauf, dass ich mich in Details verliere. Wenn mich mein Chef dann auf Fehler hinweist, bin ich verletzt. **Ich fühle mich unter Druck gesetzt, verloren, nicht am richtigen Platz und beginne, an meinen Fähigkeiten zu zweifeln. Ich habe Angst, zu versagen, und der Kloß in meinem Hals scheint immer größer zu werden.** Da ich nicht mit Streit umgehen kann, neige ich auch in meiner Beziehung dazu, meine Freundin vor vollendete Tatsachen zu stellen, was ihr jedoch nicht gefällt, weil sie sich dadurch übergangen fühlt. Sie beschwert sich und macht mir Vorwürfe, bis ich irgendwann resigniere. Darunter leidet dann die Beziehung, weil ich – um ihre Beschwerden und Kommentare zu vermeiden – einfach später nach Hause komme, ohne ihr Bescheid zu sagen. Sie macht ihrer Frustration mit verletzenden Worten Luft. **Ich habe dann das Gefühl, Opfer ihrer blinden Wut zu werden, obwohl meine Absichten doch anfangs gut waren. Ich weiß einfach nicht weiter.**

Dieses Verhaltensmuster wird sich solange wiederholen, bis Lukas beginnt, die Ursachen für seinen Stress zu hinterfragen.

- Was versteckt sich hinter seinem Verhalten? Warum reagiert er auf diese Weise?
- Was wiederholt sich jedes Mal und konfrontiert ihn unweigerlich immer mit demselben Problem?

Lukas muss ein Verhalten entwickeln, mit dem er der Stresssituation begegnen, aus seinem Verhaltensmuster ausbrechen und selbst handeln kann. In manchen Fällen sollte für einige Schritte der Selbstbefreiung ein Experte zu Rate gezogen werden.

TIPP

Nehmen Sie sich ein paar Minuten Zeit, um sich nach einer stressigen Situation zu reflektieren:

- Wie fühlen Sie sich?
- Erkennen Sie ein Muster in Ihrem Leben? Wiederholen sich bestimmte Dinge, spielen sich in verschiedenen Kontexten immer die gleichen Abläufe ab?

- Können Sie das Element benennen, das die Lawine auslöst?
- Was können Sie ganz konkret heute tun, damit Sie für den Frieden aller nicht mehr so gestresst sind?

STRESS ÜBERWINDEN, UM MAN SELBST ZU SEIN

Stressempfinden kann uns, wenn wir uns nicht damit befassen, davon abhalten, wirklich wir selbst zu sein, weil es uns gleichzeitig daran hindert, unser Potenzial und unsere Fähigkeiten auszuschöpfen.

Auf den Stress folgt ganz automatisch ein Notfallmechanismus: Wir fliehen vor der Situation, die uns beunruhigt und in erster Linie unangenehm ist, werden wütend oder erstarren sprachlos. In jedem Fall (Flucht, Kampf oder Erstarren) verlieren wir die Kontrolle über uns selbst, verlieren unsere Wünsche, Bedürfnisse und das, was uns wichtig ist, aus den Augen und sind nicht mehr eins mit uns selbst. In der Situation scheint es für unseren Körper um das reine Überleben zu gehen und diese Anspannung wirkt sich mental ebenso wie körperlich ermüdend aus.

Wenn wir nun aber entspannt bleiben und uns voll im Griff haben, sind unsere Treffen produktiver, wir führen konstruktivere Gespräche und gehen besser mit Unvorhergesehenem um. Nicht nur unsere Körperhaltung wird so überzeugender, auch das, was wir sagen, ist schlüssiger. Ebenso kommen wir einfacher auf neue Lösungen, wenn wir mit uns selbst im Reinen sind, und am Ende des Tages sind wir nicht so erschöpft.

VOM REINEN ÜBERLEBEN ZUM KREATIVEN SCHAFFENSPROZESS

Die Wechselwirkung zwischen Aktion und Reaktion

Um unser Verhalten in Stresssituationen besser zu verstehen und zu erkennen, wie wir es ändern können, sollten wir uns ins Gedächtnis rufen, dass manche unserer Verhaltensweisen auf Instinkte, Reflexe und Automatismen zurückzuführen sind:

> Du sagst etwas.
> Ich antworte.
> Du handelst.
> Ich reagiere.

Bei dieser Art der Wechselwirkung von Aktion und Reaktion kommen die Antworten ganz automatisch. Wir nehmen Einwirkungen und Ereignisse von außen als Angriffe wahr, die abgewehrt werden müssen. In diesem Moment sind wir dann davon überzeugt, wachsam sein zu müssen, um wenn nötig reagieren zu können. Eine schnelle Reaktion scheint uns der beste Schutz und eine wirksame Verteidigung gegen unvorhersehbare Angriffe zu sein.

Dabei ist jedoch Vorsicht geboten, denn in der Eile kann man schnell vergessen, wer man eigentlich ist und welche Werte man vertritt. Häufig nimmt man sich zu wenig Zeit, sein Verhalten an die Situation anzupassen, sodass die Antworten meist knapp und nicht durchdacht sind. Uns geht die Luft aus und unser Handlungsspielraum wird immer kleiner: Wir handeln und reden schneller als wir denken, was dann meistens nicht unserem wahren „Ich" entspricht.

Das Abkapseln

In gleicher Weise neigen wir dazu, es uns in einer Komfortzone bequem zu machen, in der wir uns sicher fühlen, und eignen uns bestimmte routinierte Handlungs- und Gedankenabläufe an. So kann es passieren, dass wir uns auf unsere gefällten Urteile versteifen, weil es uns eine gewisse innere Sicherheit gibt, oder Tatsachen (in Gut und Schlecht) vereinfachen bzw. unsere Mitmenschen in Schubladen stecken (Gut und Böse). Wir weichen dann nicht von unserem Standpunkt ab und lassen keine anderen Ansichten gelten. Eine mehrmals wiederholte Handlung wird von uns schnell als Allgemeingültigkeit angenommen. Schließlich wird unser Tun außerdem von der Wirkung, die es auf unser Umfeld hat, geleitet: Wir haben Angst, verurteilt und von den anderen ausgeschlossen zu werden etc.

Dieses Denken kann dazu führen, dass wir uns in uns zurückziehen, uns von der Außenwelt abkapseln, was unsere Sicht auf das Leben und unsere Umwelt weiter einschränkt und untermauert. Außerdem setzt uns dies unter Druck, wodurch wir uns permanent gestresst fühlen. Es kostet uns immer größere Mühe, leistungsfähig zu sein, da uns das Leben, die Arbeit und die Anderen wie eine Last auf unseren Schultern vorkommen.

Der Stress-Teufelskreis

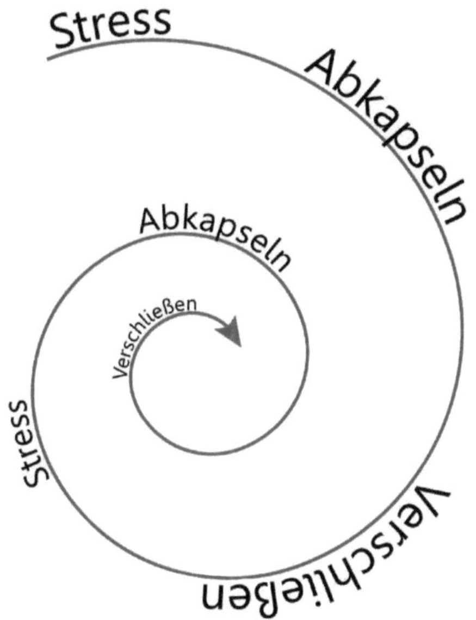

Aber ist unser Leben nicht erst dann lebenswert, wenn wir als Ganzes existieren, fähig sind zu lieben, uns selbst und andere akzeptieren, und unsere Fähigkeiten – die jeder von uns besitzt – im Beruf und der Gesellschaft einbringen?

Vom reinen Überleben zum kreativen Schaffensprozess

Um von seinem Stress profitieren zu können, sollte man sich Folgendes sagen:

- Ich bin ein Mensch mit bestimmten Grenzen (Körper).
- Auch die Außeneinwirkung (eine Situation, eine Person) ist begrenzt.

Wenn wir mit der Außenwelt in Kontakt treten, dann überschneiden sich die Grenzen dieser Außeneinwirkung mit unseren, wie zwei ineinandergreifende Hände.

Zwischen diesen beiden sich berührenden Einheiten besteht ein Ort der Begegnung. Es handelt sich um einen neutralen Boden, eine Art Niemandsland, indem jeder sich die Zeit und den Raum nehmen kann, die er benötigt, um sein inneres Ich zu finden. Dabei ist es wichtig, sich geeignete Fragen zu stellen, um herauszufinden, wie man am besten antwortet oder sich am besten in der gegebenen Situation verhält – und das ganz allein abhängig von seinen eigenen Bedürfnissen:

- Was ist mir wichtig?
- Was wünsche ich mir?
- Wodurch fühle ich mich unwohl?
- Was möchte ich sagen oder machen?

Diese Begegnung ermöglicht uns, zu erkennen, was auf uns einwirken wird, ohne dass wir uns von der Situation überrumpelt fühlen. Außerdem gibt es uns die Zeit, uns zu sammeln und angemessener zu reagieren. Durch die Begegnung achten wir auf unser inneres Ich und unsere persönlichen Empfindungen, was ebenfalls unseren Selbstrespekt steigert. War unser Verhalten zuvor von der Angst geleitet, verurteilt oder ausgegrenzt zu werden, so hilft uns der Ort der Begegnung nun, unsere eigene Meinung wahrzunehmen, sprich das, was wir denken und was uns wirklich ausmacht.

STRESS IM UNTERNEHMEN

Gesellschaftlicher Kontext

Dem amerikanischen Soziologen Hudson zufolge führen die gesellschaftlichen Veränderungen der letzten zehn Jahre dazu, dass der soziale Druck in Unternehmen ansteigt. Stress bestimmt den Alltag zahlreicher Arbeitnehmer, deren Vorgesetzte von ihnen konstant hohe Leistungen erwarten. Ursache für die sich verändernden Mentalitäten sind verschiedene Faktoren, die zu steigender Unsicherheit führen:

- **Dauer der Ausbildung**: Während früher die Zeit für das Erlernen eines Berufs begrenzt war – nach der schulischen Ausbildung bzw. dem Studium folgte eine berufliche Ausbildung bzw. die Einarbeitung in den Beruf –, hören wir heute nicht auf zu lernen. Die meisten spezialisieren sich nach ihrem Abschluss weiter, besuchen Fortbildungen oder richten ihre Karriere neu aus. Manche besuchen Kurse für Rentner, schreiben sich als Gasthörer an der Universität ein etc. Wir lernen ein Leben lang; mehr noch: Wir lernen zu lernen!
- **Lebensabschnitte**: Früher teilte sich das Leben in Kindheit und Erwachsenenalter. Heute gleicht unser Leben einem Buch, dessen Kapitel unseren Erlebnissen entsprechen: Wir lernen, verbringen Zeit im Ausland, heiraten, trennen uns, wechseln den Beruf, ziehen um, leben uns dank neuer Bekanntschaften ein. Uns tun sich ständig neue Wege auf und die Veränderungen, die diese mit sich bringen, takten unser Leben auf immer neue Weise.

- **Geschwindigkeit des Lebens**: Vorige Generationen arbeiteten hart in der Hoffnung auf bessere Zeiten. Für sie war ganz klar, dass die Zukunft Glück, Zufriedenheit und Gesundheit bereithalten würde. Diese Lebenseinstellung ist seltener geworden und einem „alles und das sofort" gewichen. Warten kommt nicht mehr in Frage: Die Zukunft ist zu unsicher und gleichzeitig entwickelt sich alles rasend schnell weiter. Unsere heutige Gesellschaft fördert permanenten Konsum und verspricht uns eine überhöhte Idealvorstellung von einem Leben, wenn wir nur dieses oder jenes Produkt kaufen. Allerdings bleibt das, was wir in Wirklichkeit empfinden, meist weit hinter dem versprochenen Glück zurück. Außerdem stellt uns diese Idealvorstellung unter enormen Druck, da wir, um einen gewissen Lebensstandard zu erreichen und zu halten, immer mehr ausgeben müssen und der Markt unaufhörlich neue Produkte hervorbringt, die wieder neue Bedürfnisse und Wünsche schaffen.
- **Gesellschaftliche Ordnung**: Früher sorgten Nationalstolz, religiöse sowie familiäre Werte für eine gewisse Stabilität und gaben dem Leben einen Rahmen. Man machte an

seinem ersten Arbeitsplatz Karriere und die äußeren Strukturen gaben einem ein Gefühl von Sicherheit. Heute leben wir in krisengeschüttelten Zeiten, es gibt weniger dominierende Wertevorstellungen und jeder lebt nach seiner eigenen Façon, entsprechend seiner spirituellen und/oder philosophischen Überzeugung und persönlichen Erfahrungen. Der Familienzusammenhalt nimmt ab, die Globalisierung führt nicht nur in der Wirtschaft zu Standortsverlagerungen, sondern auch in der Bevölkerung zu Bewegung, außerdem kommt es vermehrt zu Kündigungswellen. Das Gefühl der Sicherheit muss in einem solchen Kontext von innen kommen.

Manche Menschen kommen mit diesen gesellschaftlichen Veränderungen nicht zurecht: Sie fühlen sich in ihrer Lebenseinstellung verunsichert, weswegen sie angesichts mancher Situationen überfordert sind. Aufgrund dieses Gefühls, sich permanent auf einer Art Schleudersitz zu befinden, stellt sich bei ihnen eine moralische Erschöpfung ein. Dazu kommen die übermittelten Überzeugungen und die Unsicherheit, die einige Angestellte in ihrem Beruf haben:

- Das Personal wird unter Druck gesetzt, weil es so kurzfristig produktiver ist.
- Nichts ist jemals sicher: Man macht nicht unbedingt an seinem ersten Arbeitsplatz Karriere, niemand ist unersetzlich und nur für die Motivierten gibt es im Unternehmen einen Platz.

Stresssymptome bei der Arbeit

Wenn Stress unbeachtet bleibt, kann er sich zu einem regelrechten Wirbelsturm ausweiten, der alles niederreißt, was ihm in den Weg kommt.

Verschiedene Faktoren können Stress auslösen: mangelndes Selbstbewusstsein, Angst zu enttäuschen, ein scheinbar unerreichbares Ziel, eine angespannte Arbeitsatmosphäre unter Kollegen, Druck hinsichtlich der erwarteten Leistung, fehlender Dialog und Unausgesprochenes – was zu einer spannungsgeladenen Atmosphäre führt –, ein autoritärer und dekonstruktiver Vorgesetzter, persönliches Unbehagen etc.

- Zu Beginn ignoriert die gestresste Person ihr Unbehagen und sagt sich, dass die Zeit schon alles richten wird. Sie schiebt ihre Befürchtungen beiseite und achtet verstärkt darauf, keine Fehler zu begehen.
- In der folgenden Stressphase bemerkt die Person, dass das Unbehagen fortbesteht und sie unter Druck setzt, ihr Konzentration und den Schlaf raubt, ihre Beziehungen mit ihrem Umfeld beeinträchtigt, den ganzen Tagesablauf bestimmt. Sie kämpft permanent gegen das unangenehme Gefühl an, das sie bis nach Hause verfolgt.
- Im Folgenden verschlimmert sich die Situation weiter und auch die Arbeit kann nun darunter leiden, da das Risiko, größere Fehler zu machen, steigt. Die Person ist mental und körperlich ausgelaugt, weil sie ohne Pause gegen das unangenehme Gefühl ankämpft.
- Schließlich stellt sich Hoffnungslosigkeit ein. Die Person zieht in Betracht aufzugeben, weil

ihr alles demotivierend, eintönig und freudlos vorkommt.

Die Stressspirale kann dabei ganz plötzlich oder aber schleichend in Gang gesetzt werden. Achten Sie daher auf die ersten Anzeichen von Stress, um rechtzeitig gegensteuern zu können!

TOP TIPPS

- Achten Sie wie ein Leistungssportler auf einen ausgewogenen Lebensstil, um langfristig erfolgreich zu bleiben. Tuen Sie sich also etwas Gutes, indem Sie genügend schlafen, schöne Momente mit Ihren Freunden verbringen, sich einen Rückzugsraum für Ihre Hobbys schaffen etc. Machen Sie Sport, um auf andere Gedanken zu kommen, verbringen Sie Zeit mit den Personen, die Sie mögen, und ernähren Sie sich abwechslungsreich und ausgewogen.
- Genießen Sie den Moment, anstatt sich über die Zukunft Gedanken zu machen oder die Vergangenheit zu bereuen.
- Zwingen Sie sich, kurz-, mittel- und langfristige Ziele zu setzen. Das wird Ihrem Tun und Ihrem Leben eine Richtung geben. Wenn Sie von Aufgaben überschwemmt werden, sollten Sie eine To-do-Liste schreiben und die Aufgaben nach Wichtigkeit und Dringlichkeit ordnen. Nehmen Sie sich die Zeit, sie zu erledigen.
- Anstatt die vertraute Routine zu wählen, können Sie auch Ihrer Neugier freien Lauf

lassen, sich für Veränderungen und Ihre Umgebung öffnen. Besuchen Sie mindestens einmal im Jahr einen Ort, an dem Sie noch nie waren. Wenn Sie sich gedanklich festgefahren haben, können Sie beschließen, anpassungsfähiger und flexibler zu werden, denn Anpassungsfähigkeit löst innere Spannungen.

- Halten Sie kurz inne und ziehen Sie aus Ihrem Leben Bilanz. Wenn Sie dazu neigen, Menschen und Dinge zu kategorisieren (gut-böse, gut-schlecht), sollten Sie versuchen, sich (auch gedanklich) differenzierter auszudrücken und zu relativieren, nachdem Sie sich selbst und Ihre Beziehung zu Ihrer Umgebung mit etwas Abstand betrachtet haben. Zeigen Sie sich dem Leben gegenüber gnädig und schätzen Sie sich selbst, so wie Sie heute sind. Die Anstrengungen, die Sie unternehmen, und die Richtung, die Sie einschlagen, zählen mehr als das Ziel, das Sie verfolgen.
- Bitten Sie um Hilfe oder weitere Informationen, wenn Sie sich von einer Aufgabe überfordert fühlen. Schließen Sie sich nicht in Ihre Unsicherheit ein, da sonst Ihr Selbstbewusstsein darunter leiden wird.
- Lassen Sie sich von den Wörtchen „immer" und

„nie" nicht den Blick auf das Leben einschränken: Jedes Ereignis ist einzigartig und verdient es, einzeln betrachtet zu werden.

- Bilden Sie sich Ihre eigene Meinung, denn diese macht Sie einzigartig, authentisch und einsetzbar. So befreien Sie sich von der Angst, von Ihrem Umfeld verurteilt zu werden, und finden stattdessen Ihren Platz, wo Sie Ihre Talente in Ruhe entfalten können.

FAQ

WOZU DIENT STRESS?

Stress ist ein nützlicher Zustand von Alarmbereitschaft.

Tritt ein bestimmtes Ereignis ein, wird unsere innere Bibliothek angesprochen (Teil des Gehirns, in dem unsere direkten und indirekten Erfahrungen gespeichert sind, ebenso wie unsere Überzeugungen, Sozialcodes, Werte und Anti-Werte, Empfindungen etc.), damit eine angemessene Lösung für das aufgetretene Problem gefunden wird. Wenn die innere Bibliothek keine passende Antwort findet, sendet sie eine Information, die zu Spannung führt. Sie gibt an, dass das Geschehene außergewöhnlich ist und die innere Bibliothek spontan keine angemessene Reaktion bzw. Verhaltensweisen vorschlagen kann.

Das Auslösen von Stress beim Menschen ist also eine Konsequenz. Die innere Spannung vermittelt eine Botschaft, eine Information:

Wir sind mit etwas konfrontiert, dem wir mehr Aufmerksamkeit widmen sollten, da wir nicht darauf vorbereitet waren.

WIE LÄSST SICH STRESS ERKENNEN?

Stress lässt sich durch bestimmte Reaktionen – Flucht, Kampf und Erstarren – erkennen. Wenn uns eine Situation unangenehm ist, uns unsicher macht oder zu viel wird, erleben wir Momente der Flucht, des Kampfes und des Erstarrens, wobei diese sich schnell und in willkürlicher Reihenfolge abwechseln können.

Ich bin auf dem Weg zu einem Kunden und auf der Strecke kommt es zu einem Autounfall. Ein Stau entsteht und die Autos bewegen sich nicht weiter. Ich stecke regelrecht auf der Autobahn fest und befürchte, zu spät zu meinem Termin zu kommen. Ich versuche, eine Lücke auf der rechten Spur zu finden, um so schnell wie möglich abfahren zu können, und habe das Bedürfnis mich zu bewegen (**Flucht**). Dabei merke ich jedoch, dass alle Autos still stehen und sich niemand vorwärts bewegt. Ich fange also an zu hupen und halte die anderen Fahrer für unfähig – sie nerven mich (**Kampf**). Ich werfe einen Blick auf die Uhr in meinem Armaturenbrett und sehe entmutigt, dass trotz meiner Bemühungen die Zeit verstreicht und ich nichts dagegen tun kann, dass ich zu spät kommen werde. Ich würde am liebsten alles aufgeben und nach Hause fahren (**Erstarren**). Dann sehe ich, dass sich in einiger Entfernung ein LKW bewegt, was mir Hoffnung gibt, weswegen ich erneut versuche, mich rechts einzufädeln (**Flucht**).

<u>**TIPP**</u>

Rufen Sie sich eine unangenehme Situation in Erinnerung, die Sie vor Kurzem erlebt haben.

- Haben Sie gespürt, wie sich der Stress in Ihnen entwickelte?
- Wie haben Sie sich verhalten?
- Haben Sie die verschiedenen Stress-reaktionen durchlebt (Flucht, Kampf, Erstarren)?

WAS STECKT HINTER STRESS?

Mit der 2-Warum-Methode kann schnell und effizient herausgefunden werden, was hinter dem Stress steckt.

Wenn Sie bemerken, dass Sie angespannt sind, fragen Sie sich vermutlich, woher diese Anspannung kommt. Warum jetzt, warum so? Warum nervt Sie diese Situation plötzlich so sehr? Wenn Sie diesen Gedankengang zu Ende denken, überrascht Sie die Ursache vielleicht, denn hinter dem Stressgefühl steckt meist eine Furcht bzw. Befürchtung. Nicht das Ereignis führt zu Ihrem Stress, es bringt nur die Anspannung zum Vorschein, die bereits in Ihnen ist, und verstärkt sie.

Dies kann anschaulich am Beispiel des Staus erklärt werden:

> **Das erste Warum:** Warum stresst mich die Tatsache wegen eines Unfalls im Stau zu stecken? Die Antwort darauf ist einfach: Ich möchte nicht zu spät kommen, vor allem, weil ich den Kunden noch nicht gut kenne und alles so geplant habe, dass ich pünktlich sein würde. Meine ganze Planung fällt jetzt aufgrund des unvorhergesehenen Ereignisses in sich zusammen.
> **Das zweite Warum:** Warum stresst mich die Tatsache, dass ich zu spät kommen werde und meine Zeitplanung gestört wurde? Die Antwort auf diese Frage betrifft das Bild, das sich mein Umfeld von mir macht: Ich möchte nicht unpro-

fessionell wirken und befürchte, in den Augen meines Kunden an Glaubwürdigkeit zu verlieren.

TIPP

Zählen Sie drei Situationen auf, in denen Sie in letzter Zeit gestresst waren. Wenden Sie für jede dieser Situationen die 2-Warum-Methode an.

- Was versteckt sich hinter der Anspannung?
- Erkennen Sie die Ursache für die Anspannung?
- Hängt die Ursache mit Befürchtungen, unangenehmen Erlebnissen und früheren Verletzungen zusammen?

WIE ARBEITET MAN MIT EINEM GESTRESSTEN KOLLEGEN ZUSAMMEN?

Der erste Schritt besteht darin, den Stress bei seinem Kollegen festzustellen. Das ist nicht immer einfach, denn dazu muss man wissen, wie er funktioniert. Was stresst ihn? Wie verhält er sich (Flucht, Kampf, Erstarren) in einer solchen Situation?

- Tipp zum Beginn: Sagen Sie einer gestressten Person nicht, dass es keinen Grund für ihre Anspannung gibt, denn das bringt ihr gar nichts. Ganz im Gegenteil ist die Wahrscheinlichkeit hoch, dass Sie sich unpassend ausdrücken, einen Streit provozieren oder ein unproduktives Gespräch führen. Diese Art der Aussage bringt genauso wenig wie einer Person, die an einem Abgrund steht, zu sagen, dass sie sich entspannen und loslassen soll.
- Versuchen Sie anschließend herauszufinden, was Sie an dem Verhalten Ihres Kollegen stört, da seine Einstellung sich auf das Team und Sie negativ auswirken könnte.
- Wenn der Stress abgeklungen ist, sollten Sie das Gespräch mit Ihrem Kollegen suchen, um ihm sein Verhalten vor Augen zu führen. Stellen Sie die Gegebenheiten dabei dar, ohne ihm Anschuldigungen zu machen oder sein Verhalten zu verurteilen. Fragen Sie ihn, ob er sich in Ihrer Beschreibung wiedererkennt, und sagen Sie ihm, was Sie empfunden haben und was sein Verhalten für Sie und das Team bedeutet.
- Finden Sie danach gemeinsam eine Lösung, damit Sie sich in einer ähnlichen Situation gegenseitig vertrauen können und besser gewappnet sind.

Solche urteilsfreien Gespräche wirken sich positiv auf das Team aus, da sie zwischen den Mitarbeitern Vertrauen stiften. Da jeder einmal gestresst sein kann, sollte ein Arbeitsklima geschaffen werden, in dem Raum für Gespräche und einen wohlwollenden Austausch für ein besseres Miteinander ist.

WIE MACHT MAN SEINEM STRESS LUFT?

Als erstes sollte man sich die Frage stellen, was die Ursache für den Stress ist, den man empfindet. Es bestehen zwei Hauptstressquellen:

- **unangenehme Erinnerungen**: Wenn die Anspannung aufgrund schlechter Erinnerungen entsteht, kann es befreiend sein, an sich persönlich zu arbeiten, um die Anspannung zu lösen. Denn solange diese bestehen bleibt, wird sie Stress verursachen, sobald ein ähnliches Ereignis eintritt, das entsprechende Thema oder die entsprechenden Überzeugungen angesprochen werden. Diese Anspannung kann uns regelrecht gefangen nehmen, solange wir uns nicht von ihrer Auswirkung auf unsere Psyche befreien.

- **die Art der Unannehmlichkeit**: Dies betrifft Anti-Werte, negative Urteile und unangenehme Situationen, die wir beenden/vermeiden wollen. In diesem Fall ist es ratsam, die Situation mit etwas Abstand zu betrachten, um zu bestimmen, wie in der jeweiligen Situation konkret vorgegangen werden sollte.

Wenn Sie die Stressursache anhand der Antworten auf die 2-Warum-Fragen erkannt und eine konkrete Lösung für die Situation erarbeitet haben, müssen Sie sie umsetzen. Sie werden sehr schnell merken, dass sich Ihr Körper und Ihr Geist beruhigen und der Stress nachlässt. Im

Beispiel des Staus handelt es sich bei der erkannten Befürchtung um die Angst unprofessionell zu wirken und in den Augen des Kunden an Glaubwürdigkeit zu verlieren.

Wie verhält man sich in diesem Fall am besten? Wie wäre es, den Kunden anzurufen, um ihm zu sagen, dass Sie sich aufgrund eines Unfalls verspäten werden, und ihm vorschlagen, dass er in der Zwischenzeit einen Kaffee trinken kann? Diese Lösung lässt sich schnell umsetzen und die Erleichterung wird nicht lange auf sich warten lassen. Das nächste Mal wird Ihnen diese Erfahrung helfen!

ZUSAMMENGEFASST

- Stress ist natürlich und betrifft alle Lebewesen. Er zeigt sich in drei Verhaltensweisen: Flucht, Kampf und Erstarren.
- Wenn Sie die Ursache für den Stress erkennen, lernen Sie mehr über sich selbst und können Ihren inneren Anspannungsursachen gegenübertreten. Das ist ein guter erster Schritt auf dem Weg zur inneren Ruhe.
- Mit der 2-Warum-Methode können Sie die versteckten Ursachen für den Stress erkennen. Sie hilft ihnen dabei, eine Verhaltensweise zu finden, die der Situation angemessen ist, und Ihren Stress zu besiegen.
- Wenn Sie angespannt bleiben, schränken Sie Ihr Potenzial ein, weil Sie sich im Überlebensmodus befinden und dadurch nur eingeschränkt, also nicht unbedingt der Situation angemessen, handeln können.
- Achten Sie wie ein Leistungssportler auf einen ausgewogenen Lebensstil, der Ihnen hilft, langfristig effizient zu sein.

- Um Ihren Stress besser bekämpfen zu können, sollten Sie sich einen neutralen Raum schaffen – einen Ort der Begegnung, wo Sie in aller Sicherheit analysieren können, was passiert, sich die Zeit und den Raum nehmen, um mit sich selbst, Ihren Wünschen, Talenten, Überzeugungen und Ihrer Kreativität eins zu werden –, um ein angemessenes Verhalten zu finden.
- Wenn Sie auf Ihre Empfindungen hören, werden Sie selbstbewusster sein und sich selbstbehaupten: Sie nutzen Ihre Talente in Ihrem – beruflichen wie privaten – Leben, ihren Beziehungen zu Ihren Kollegen und den Leistungen, die Sie erbringen.
- Der Stress wird so zu einem wertvollen Hilfsmittel, das Sie darauf hinweist, dass Sie sich im Überlebensmodus befinden und sich dadurch einschränken und einschließen. Er lässt Sie dadurch kreativere, respektvollere, dynamischere Ansätze ins Auge fassen, die Ihnen unendliche Möglichkeiten eröffnen.

Ihre Meinung ist uns wichtig!
Hinterlassen Sie doch einen Kommentar auf der
Seite unserer Online-Buchhandlung
und teilen Sie Ihre Favoriten in den sozialen
Netzwerken!

DARÜBER HINAUS

LITERATURVERZEICHNIS

- Brébion, Jean-Philippe: „Les Clés de la BioAnalogie". Seminar 2012 (auf Französisch). www.bioanalogie.com (15.02.2019).

- Brébion, Jean-Philippe: *L'Évidence*. Le Dauphin Blanc: Québec 2011.

- Dini, Marie-Hélène; Machet, Pascale; Hellio, Liliane: „Module sur le stress, les peurs, les passions d'Hudson". Seminar von *MHD coaching* (auf Französisch). 2007-2008.

- Moorkens, Pierre; Vander Vorst, Chantal; Ebrard, Benoît: „Module sur la gestion du stress et les modes mentaux". Session B, Seminar des *Institute NeuroCognitivisme* (auf Französisch). 2011.

- Radiguès, Géraldine, de: Workshop „La gestion du stress" (auf Französisch). www.geraldine-de-radigues.be (15.02.2019).

WEITERFÜHRENDE LITERATUR

- Brandt, Eva; Fritsch-Kümpel, Miriam: *Stress? Du entscheidest, wie du lebst. Das Trainingsbuch nach der Lotus-Strategie*. Campus Verlag: Frankfurt 2018.

- Litzcke, Sven; Schuh, Horst; Pletke, Matthias: *Stress, Mobbing und Burn-out am Arbeitsplatz. Umgang mit Leistungsdruck – Belastungen im Beruf meistern – Mit Fragebögen, Checklisten, Übungen.* Springer: Berlin Heidelberg 2013.

MEHR AUF 50MINUTEN.DE

- Martin, Nicolas: *Resilienz entwickeln. Methoden zum Meistern von schwierigen Situationen.* Aus dem Französischen von Leonie Kremer. Plurilingua Publishing: Brüssel 2019.

www.50Minuten.de

ISBN digitale Ausgabe: 9782808014045

ISBN gedruckte Ausgabe: 9782808014052

Pflichtexemplar: D/2018/12603/461

Cover: © Plurilingua

Digitale Aufbereitung: Primento, der digitale Partner der Herausgeber